Victorin GARGAUD

LA SITUATION ACTUELLE

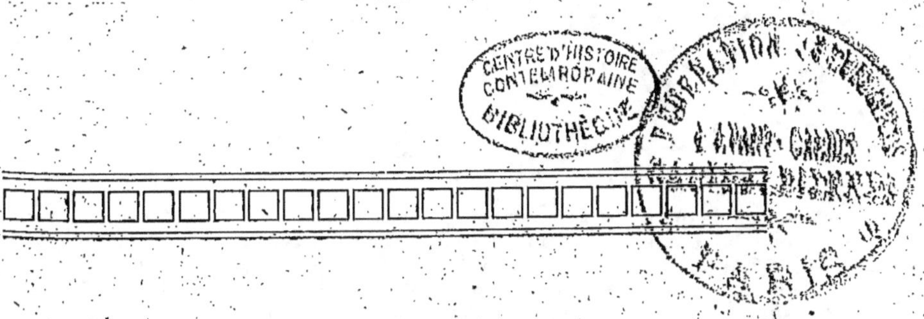

La Situation actuelle en Italie

Qu'il me soit permis d'évoquer parmi nous la pensée de Giuseppe Garibaldi, ennemi de toutes les tyrannies, soldat de toutes les libertés et de puiser dans ses directives le développement de la thèse que j'ai l'honneur d'exposer devant vous.

Je ferai d'abord un résumé de la situation politique intérieure italienne pour passer ensuite aux relations qui devraient exister entre les démocraties française et italienne et qui pourraient servir de base pour une plus vaste entente avec les démocraties d'autres nations. Je parlerai enfin du programme que les Avant-Gardes Garibaldiennes formées par les soldats de la paix sont en train de développer, en m'inspirant des traditions qu'avec le nom de Garibaldi j'ai héritées de mon grand-père.

Le nom de Garibaldi sonne et sonnera toujours sur les lèvres de tous ceux qui revendiquent le droit et la liberté des peuples.

« Les puissants, les oppresseurs pourront toujours s'imaginer qu'avec Garibaldi est mort le champion des opprimés, le chevalier de l'humanité ; mais quand l'heure de la délivrance aura sonné, ses hérauts feront sonner encore une fois la charge, au pas de la victoire. »

Les oppresseurs croiront alors à l'immortalité, ils sentiront que Garibaldi existe encore, que Garibaldi vit toujours.

Telles sont les nobles paroles qui terminent le livre sur la mort du grand homme écrit par Yessie Wite Marie, belle figure d'infirmière garibaldienne à la foi ardente et lumineuse.

S'agissait-il d'une conception que le temps devait détruire ?

Un observateur superficiel et lointain pourrait peut-être nous répondre affirmativement en ne considérant que les vicissitudes de l'Italie, mais tel n'est pas le cas, car en dévoilant la mise en scène actuelle nous nous rendons compte que Yessie Wite Marie a bien vu et bien senti l'âme du peuple italien.

Elle peut être présentée par tous les historiens d'occasion telle que les chefs du régime actuel italien peuvent la désirer, mais la véritable âme du peuple italien retrouvera toujours, dans un jour proche ou lointain, sa belle foi garibaldienne et elle ira alimenter sur le « Gianicolo » le feu de sa passion et de sa future libération.

Pour bien comprendre les instants que traverse actuellement l'Italie, il faut bien avoir sous les yeux le vaste tableau de la situation européenne à laquelle est liée, sous des aspects divers et très caractéristiques, celle de l'Italie.

Il faut remonter dans les temps lointains jusqu'à la page merveilleuse du « Risorgimento », quand une phalange de libres penseurs, d'hommes politiques, de clairvoyants s'attaquèrent aux classes dominantes du clergé et de la noblesse pour préparer la résurrection de l'Italie.

Il faut remonter aux vicissitudes héroïques de la Révolution par laquelle la pensée de Mazzini et l'action de Garibaldi nous donnèrent une Patrie, cette Patrie qui fut la proie d'une monarchie incapable.

A la loyauté dont firent preuve Mazzini et Garibaldi pendant le « Risorgimento », on répondit par les condamnations et la prison pour eux et les plus braves des leurs. A la passion des peuples qui avaient suivi ces chefs naturels et retrouvé la liberté, on répondit par l'établissement d'un gouvernement monarchiste, formé de toutes les classes des nouveaux arrivés, exploiteurs de la Révolution qui avait donné une foi démocratique à l'Italie.

Rome fut la proie des politiciens et des chevaliers venus à la suite de la cour, et ce régime dépensa toutes les énergies les plus vives de la Nation pour consolider une couronne en négligeant de seconder les nobles efforts que le peuple essayait de faire, tout pris qu'il était par l'ardeur d'un idéal nouveau : la pensée démocratique.

La monarchie italienne qui fit emprisonner Mazzini et tirer sur Garibaldi s'appuya en Italie sur tous les éléments réactionnaires, le clergé, le monde des affaires et, à l'étranger, sur les Etats qui se distinguaient par la réaction.

Après la complicité de Napoléon III, qui avait aux yeux de la famille de Savoie le mérite d'avoir étranglé la République romaine et rétabli une période que le peuple français devait racheter dans le sang, la monarchie devint hostile à la France, qui avait retrouvé sa belle physionomie républicaine.

Après la trahison envers la Prusse, en 1866, elle devint prussienne parce que l'Allemagne avait un régime impérialiste et était devenue le centre d'une politique militaire et dynastique, tandis que les scandales bancaires démontraient la corruption du régime monarchiste et que les soulèvements noyés dans le sang exprimaient le sentiment de rébellion du peuple. La dynastie italienne chercha alors sa sauvegarde dans la Triple alliance, accord qui aurait permis l'arrivée des troupes étrangères sur le sol d'Italie pour arrêter la marche du « Risorgimento » italien, qui avait deux buts : Trieste et la République.

Mazzini et Garibaldi vivants, la démocratie italienne luttait toujours. Après la mort de Mazzini, Garibaldi, resté seul, essaya de regrouper le faisceau démocratique; mais une fois Garibaldi mort, le régime dynastique se servit de tous les moyens pour s'absorber les hommes de la démocratie et transformer celle-ci en un instrument monarchiste.

Jusqu'en 1898, la monarchie devait se servir des baïonnettes des carabiniers et de la déportation pour tous ceux qui avaient une idée démocratique, parmi lesquels on comptait la fleur de la jeunesse italienne grandie à l'école de Garibaldi et de Mazzini.

En 1900, la monarchie se déguisa en régime démocratique en présentant une parodie de constitution parlementaire qui devait suivre le progrès des peuples et en se servant d'hommes tels Giolitti qui ne faisaient qu'endormir et corrompre les partis politiques, les masses, l'âme, la nation enfin.

1914 arrive. A cette époque, la monarchie était fortement liée aux Empires centraux : Allemagne et Autriche, par des engagements politiques, dynastiques; par des engagements bancaires qui avaient livré depuis longtemps toute la vie économique de la nation à la Banque Commerciale Italienne, gage de la triple alliance.

La démocratie italienne voyait, à ce moment, ses forces assez éparpillées, soit parce que vivement combattues par le régime dynastique, soit parce qu'une partie de celles-ci avaient été absorbées par le régime.

Malgré tout, les Garibaldiens, les républicains existants, ainsi qu'une partie des syndicalistes ayant conscience d'avoir, eux, l'âme de la nation italienne, se jetèrent dans la lutte avec succès. La monarchie se vit alors dans l'alternative ou d'être chassée ou de céder à la nation; mais comprenant qu'elle jouait dans la guerre une carte dangereuse pour elle, elle accepta à contre-cœur, d'abord l'intervention contre l'Autriche, plus encore à contre-cœur celle contre l'Allemagne.

Dans cette intervention, elle entraîna, cependant, toutes les forces qui lui étaient hostiles, afin qu'en cas d'insuccès elles fussent frappées, tandis qu'elle, monarchie neutraliste, pût se sauver et apparaître comme amie des peuples.

Il ne faut pas oublier que les facteurs les plus importants pour l'intervention italienne, dans la guerre qui devait être la guerre démocratique contre l'impérialisme militariste, furent les groupes Garibaldiens avec, à leur tête, les frères Garibaldi, les Républicains, les Syndicats, la Maçonnerie, les Démocrates de gauche en un mot tout un ensemble d'organisation à base républicaine.

Favorables au contraire à la guerre contre la France, furent les nationalistes dont les membres font partie en ce moment du gouvernement italien que l'on veut appeler "le gouvernement fasciste de " Vittorio Veneto ».

Favorables à cette guerre fraternelle contre la France furent les modérés et une grande partie du clergé.

Neutralistes furent les socialistes, — pas tous heureusement, — neutralistes la majorité des libéraux et cléricaux. Aujourd'hui, tous ces ex-neutralistes sont devenus les apôtres d'un patriotisme nouveau, mais l'histoire ne change pas pour cela et elle ne peut s'effacer parce que l'actuel dictateur italien a qualifié d'anti-nationalistes tous les hommes qui se sont voués à la première intervention, qui lui ont voué leur cœur, leur jeunesse et leur foi.

Ces premiers interventionnistes à l'âme démocratique sont appelés anti-nationaux, parce qu'ils ne sont ni monarchistes, ni cléricaux, parce qu'ils ne croient pas à la triste comédie que joue la dynastie en s'habillant de la chemise noire pour se sauver.

La guerre réussit par la volonté du peuple, et malgré des erreurs et des fautes sur lesquelles l'historien ne peut pas encore se prononcer, fut victorieuse.

La victoire était un danger pour la monarchie, parce que la guerre avait été basée sur des promesses démocratiques; paix à l'intérieur, appui aux nations nées de la guerre, désarmement, Société des Nations, développement des lois sociales, à l'intérieur modification du salariat, partage des grandes propriétés entre les paysans, et au-dessus de toutes ces promesses, la plus grande, la plus belle, la glorification idéale du travail avec la reconnaissance de tous ses droits, promesse faite du haut du Capitole par le président du Conseil M. SALANDRA.

Mais tout cela devait être naturellement en contradiction avec les intérêts des classes monarchistes qui ont besoin de ce régime intransigeant pour prospérer.

La guerre finie, l'esprit des anciens combattants était républicain; ils réclamaient une assemblée constituante, soutenus en cela par les partis de gauche; le peuple appelait WILSON le rédempteur, à cause de ses quatorze points, qui interprétaient, en Italie surtout, la pensée mazzinienne; les paysans réclamaient la propriété; en un mot, un esprit et une conscience nouvelle se manifestaient, pas assez bien définis cependant ni bien conduits parce que les partis monarchistes très bien menés frappaient les adversaires séparément, après en avoir désagrégé l'unité.

Les éléments militaristes aidés dans cette tâche par la haute industrie et par la haute finance annulèrent le Pacte de Rome avec les représentants des nations qui devaient naître du défunt empire autrichien, pour créer une politique étrangère en pleine contradiction avec celle des peuples qui venaient de naître et qui, ayant été aidés à retrouver leur liberté, devaient obligatoirement devenir nos amis naturels.

Les auteurs du Pacte de Londres qui avaient sacrifié FIUME a un royaume austro-croate hypothétique (la monarchie ne voulant pas et ne croyant pas au démembrement de l'empire autrichien) engagèrent l'Italie dans une polémique adriatique dans laquelle la clairvoyance des alliés, entre eux la France, ne fut malheureusement pas grande.

Cette polémique encouragea la campagne alimentée par le régime monarchiste et par les nationalistes impérialistes.

Elle devait naturellement faire faiblir la confiance mise dans les quatorze points de Wilson, et dans la nouvelle ère de paix et d'égalité internationale; les traités de paix se chargèrent d'ailleurs de compléter malheureusement l'œuvre commencée en annulant plusieurs promesses démocratiques issues d'une guerre de libération, en formant une Société des Nations manquée.

La monarchie se trouvant à l'intérieur en face de la menace immédiate des anciens combattants, des syndicalistes, des républicains préféra (et voici la manœuvre) alimenter la menace du bolchevisme qu'on savait cependant irréalisable.

Et la soi-disant abdication de l'Etat vis-à-vis du bolchevisme, des social-communistes commença.

On savait que ceux-ci spéculant sur les sacrifices et les douleurs de la guerre attaquaient tous ceux qui avaient été favorables à l'entrée de l'Italie dans le conflit européen, qu'ils appelaient illusionistes, et qu'ils qualifiaient d'arriéré un changement de régime, allant vers une république démocratique. Il valait donc mieux que les adversaires du régime monarchiste furent combattus par les social-communistes, qui devenaient ainsi les vrais sauveurs de la dynastie, bien que cela puisse paraître un paradoxe.

Les lois auraient permis d'agir contre les social-communistes, mais on ne le fit pas.

Et quand, aux élections de 1919, les social-communistes sortirent victorieux en battant les partis démocratiques, ils continuèrent leur révolution en paroles, incapables qu'ils étaient, en tenant compte des promesses bolcheviques, d'appliquer leur régime dans un pays qui ne s'y prêtait pas, et qui par surcroît se rendait compte de la faillite de l'exemple russe.

L'Etat feignit de céder, feignit même l'impuissance et fit occuper en 1920 les usines sans employer d'ailleurs aucune mesure énergique.

Le but était atteint; le fantôme bolchevique avait été grossi artificiellement il suffisait ainsi qu'il fut fait il y a un an, d'une action énergique pour le faire mourir de sa belle mort.

Le but du régime monarchiste étant de détruire les démocraties à tendance républicaine et l'esprit nouveau des combattants, il écarta ce danger en se servant des sociaux-communistes et des cléricaux camouflés en démocrates. Ces derniers se présentaient en effet avec un programme presque démocratique, mais en rappelant que leur neutralité aurait évité suivant eux, tous les maux causés inévitablement par la guerre et surtout certains, artificiellement grandis, tels que la cherté de la vie et le désordre.

Le parti catholique et populaire eut beaucoup de suffrages dans les campagnes où les deuils causés par la guerre étaient nombreux, et où les curés, constituant la formidable armée électorale, appuyaient les demandes de hauts salaires et soutenaient la conquête des terres, imitant dans la présentation de ces utopies, les socialistes.

La réalité devait cependant détruire cette merveille social-communiste et clérico-populaire.

Malgré ses désillusions, le peuple italien tachait de retrouver peu à peu son équilibre, quand survint en 1921 la menace communiste, bien commode pour permettre à certains de réclamer un gouvernement brutal.

Et ici entre en jeu le fascisme.

A l'origine, le fascisme fut un mouvement, ou plutôt une réaction contre les excès des social-communistes qui niaient la patrie et vilipendaient le sacrifice fait par 600.000 morts.

Il fut d'ailleurs, à l'origine, républicain-syndicaliste. Son premier programme comprenait le partage de la terre entre les paysans, le contrôle ouvrier dans les usines, la confiscation des bénéfices de guerre excessifs, l'augmentation des taxes de succession, l'abolition du Sénat nommé par le Roi, enfin la convocation de l'Assemblée constituante.

Ainsi qu'on peut s'en rendre compte, c'est exactement l'opposé que le fascime réalise aujourd'hui.

Il est aisé de comprendre que ce premier mouvement fasciste pouvait attirer dans ses rangs des hommes de gauche, et en effet, il en attira un grand nombre, car il se présentait avec un programme républicain-socialiste, et avec les promesses démocratiques données par la guerre.

Hélas, ce mouvement ne put se développer; il fut vite étouffé. Le gouvernement, la grande industrie et la haute finance, qui fournissaient les fonds nécessaires aux débuts du mouvement fasciste, l'acheminèrent dans les voies tout à fait opposées à celles vers lesquelles il voulait se diriger.

M. MUSSOLINI modifia peu à peu, sinon son programme, remanié tout à fait à la veille de la marche sur Rome, mais bien son action. Son œuvre réactionnaire s'accomplissait sans opposition et se voyait protégée par la force publique, attaquant non seulement les communistes mais tous les éléments de gauche.

Grâce à son journal, devenu le général inviolable d'une armée régulière, il donnait des ordres, annonçait des châtiments, des destructions de journaux, de maisons ouvrières, de groupements travaillistes.

Les escadrons de chemises noires opéraient parallèlement aux carabiniers; on enrégimentait dans le fascisme des généraux, des officiers de l'armée, des fonctionnaires, et même des princes de la maison de Savoie.

L'Etat laissait faire parce que le gouvernement monarchiste savait bien ce qu'il faisait.

En 1922 le fantôme bolchevique ne résistait plus aux plus élémentaires objections, il n'était plus; et la preuve en est, que la majorité des éléments ex-communistes étaient devenus des chefs du parti fasciste ou à leur solde.

Mais il fallait bien justifier le coup de force pour pouvoir annuler les conquêtes démocratiques et l'on continua de dire qu'on voulait sauver l'Italie du bolchevisme, alors que l'Italie s'était sauvée toute seule.

C'est ainsi que s'accomplit la marche sur Rome; tous les organismes de l'Etat y ont aidé, de la magistrature à l'armée, des fonctionnaires aux cheminots.

Le Roi, afin de justifier la violation de la Constitution, joua la comédie de l'Etat de siège, qui ne fut jamais proclamé.

Et alors le fascisme arrivé au pouvoir, tout puissant, abolit toutes les conquêtes démocratiques et commença la persécution des éléments de gauche, Républicains, Garibaldiens, Ex-Combattants, Indépendants, etc...

Le fascisme exalte les nationalismes impérialistes, il marche d'accord avec le Vatican pour combattre toutes les aspirations démocratiques, avec ce Vatican qui combattait en 1915 l'entrée en guerre de l'Italie.

Il a établi une dictature de parti en laissant intacte l'ossature de l'Etat monarchiste, en renforçant même cette monarchie qui, logiquement aurait dû être responsable de tous les maux.

La victoire laissa au fascisme tous les butins; les charges publiques, les emplois, les vices-royaumes moyennageux en province. Les Conseils municipaux furent dissouts pour que les sous-chefs et les pro-consuls du fascisme en deviennent les maîtres.

La presse a été absorbée par des groupes financiers qui ont aidé l'entreprise fasciste; la banque est toute puissante, la haute industrie se trouve hors de danger des agitations ouvrières, tandis que les salaires baissent et que la cherté de la vie augmente.

Le chômage fonctionne d'ailleurs en plein, et empêche ainsi les luttes pour les conquêtes ouvrières.

MUSSOLINI, joue le rôle de dictateur et aime à s'entourer de manifestations chorégraphiques, mais en réalité c'est la monarchie et le vatican puis les classes qui soutiennent ou sont soutenues par la monarchie qui ont récolté le vrai fruit de la victoire.

L'autorité de la Chambre des députés est nulle, la liberté de presse est de fait abolie, les organisations ouvrières non fascistes dispersées, enfin tous les partis politiques d'opposition sont menacés ou frappés, et l'opposition latente ne peut se manifester qu'en sourdine.

Les conquêtes démocratiques sont annulées; la monarchie tend à l'absolutisme, au régime sans contrôle et irresponsable et les soi-disant nationalistes agitent le spectre des revendications irrédentistes tels le député GIUNTA, qui, en plein parlement, parlant de l'Italie impérialiste, osa dire : « ELLE RÊVE DE REPRENDRE DEMAIN LA TUNISIE, L'AFRIQUE DU NORD, MALTE, LA CORSE AINSI QUE LA DALMATIE ».

Pendant ce temps, la monarchie paraît esclave du fascisme, et proteste de son innocence.

Si un mouvement révolutionnaire quelconque se produisait, la monarchie camouflerait encore une fois son âme en âme démocratique et se débarrasserait aisément et de Mussolini et des chemises noires, pour rendre les honneurs à la constitution violée, et puis pour attendre et recommencer son jeu.

Entre temps, toutes ces menaces de violences représentent un grave danger pour l'Italie, car en essayant de faire plier sous la domination fasciste le peuple, la nation entière, ainsi que la plus faible opposition, il arrive que les Italiens sont obligés de fuir leur pays, par milliers.

Evidemment, il ne s'agit que d'un phénomène artificiel qui devra s'écrouler inévitablement ainsi que s'écroulera l'édifice tout entier du fascisme, parce que composé en grande partie de personnes qui n'y ont adhéré que pour conserver ou pour se créer une situation personnelle. Les illusionnés, les désorientés dont l'adhésion se fit de bonne foi, représentent la partie la plus infime. Nous avons déjà dit que les événements d'Italie ne sont que le reflet de ceux qui se passent dans les autres Etats européens.

Ce sont en effet les démocraties qui ont cédé partout, en restant isolées et sans opposer de défense à l'assaut des classes capitalistes crées par la guerre.

Ce phénomène réactionnaire n'est pas seulement propre à l'Italie, mais il est essentiellement monarchiste, et se manifeste dans tous les pays où existe ou a existé une monarchie.

En France, nous le voyons soutenu ouvertement par le parti royaliste et clérical ainsi qu'en Espagne et en Bavière; ce sont donc les classes qui craignent le plus le développement démocratique, qui s'agitent dans toutes les nations, même dans celles qui possèdent un régime républicain.

La guerre démocratique aurait dû marquer, par la perfection européenne, par une Société des Nations réelle, par le commencement d'une ère nouvelle dans laquelle la suprématie d'une nation sur une autre aurait été rendue impossible, parce que contraire au bien-être général, par la réunion idéale des familles, et conséquemment des nations.

Cette guerre démocratique aurait dû abolir la dépendance, servile des gouvernements vis-à-vis de la grande industrie qui a besoin de conquêtes et de soumissions pour vivre.

Mais le capitalisme et la grande industrie ont agi du reste pour que l'on atteigne pas la paix définitive; nous voyons ainsi les puissants métallurgistes allemands préférer pousser leur pays à la faillite plutôt que de coopérer à la reconstruction européenne; nous voyons la République allemande se plier aux ordres des Stinnes et de la Bavière, nous entendons quelques camelots du Roi parler des Rois de France, ou d'autres partisans, penser à l'avènement d'un nouveau Napoléon I\ :er\ , nous voyons enfin les conservateurs anglais combattre les hégémonies, sans permettre cependant que l'on touche à la leur et les banquiers américains spéculer, à un intérêt fort rémunérateur, sur la ruine des autres pays.

Les classes qui dominent et qui profitent visent, par leurs pensées et par leurs actes, à détruire la pensée démocratique afin d'alimenter un nationalisme impérialiste qui peut, s'il n'est pas enrayé à temps, pousser l'Europe à des deuils très graves.

Cette politique forte, qui a permis les expériences fascistes est destinée à sombrer.

Agissons de manière, à ce que sa chute soit sans conséquences graves pour les peuples.

L'histoire ne marche que par échelons.

Il est impossible aujourd'hui de penser à une Société réelle des nations, ou à un changement radical de la situation.

Les démocraties européennes paient leurs erreurs pour avoir trop concédé à leurs adversaires soit pendant, soit après la guerre; elles paient leurs erreurs pour n'avoir pas compris le danger que présentait la formation d'Etats dans les Etats, nous voulons parler des puissants syndicats à intérêt bancaire ou industriel.

On laissa à ces tout-puissants la conduite de la partie la plus délicate de la guerre, et la possibilité de faire échouer la paix. Cependant aujourd'hui les démocrates sont en train de se réformer et de se réorganiser; en France, c'est déjà un fait accompli; autour de nos avant-gardes se groupent en Italie les républicains, les socialistes, la maçonnerie, les ex-combattants, une partie de l'armée même qui ne veut pas se plier au fascisme.

Je suis convaincu que le jour est arrivé où il faut aider et encourager une entente démocratique entre les peuples, parce qu'il n'existe pas d'autre moyen pour arriver à une reconstitution effective de l'Europe, reconstruction basée sur un régime purement démocratique, qui pourra nous amener peu à peu la réalisation effective d'une Société des Nations.

C'est vers ces buts que nos efforts doivent tendre et l'appui moral et matériel de chaque fraction de la démocratie ne doit pas nous faire défaut.

Les Etats latins ont à défendre en commun une race et une civilisation.

Rappelez-vous ce que disait à la France Giuseppe GARIBALDI, l'année où il décréta l'annexion des Deux-Siciles, lorsqu'il voulait jeter les bases d'une Confédération des Etats Unis d'Europe, principe cher à son cœur démocratique; la population de la France, la valeur de ses soldats, le prestige dont rayonne la plus brillante période de son histoire militaire l'appelle comme arbitre de l'Europe.

A qui cette initiative? Au peuple qui marche à l'avant-garde de la Révolution.

L'idée d'une confédération européenne mise en avant par la France qui donnerait le bonheur du monde, ne vaudrait-elle pas mieux que toutes les combinaisons politiques et financières rendant chaque jours les peuples plus fiévreux et plus tourmentés?

L'œuvre est ardue mais on peut l'entreprendre cependant. Commençons par étudier les rapports franco-italiens qui, suivant nous, doivent être la base d'une ligue démocratique latine devant ultérieurement développer le programme plus vaste d'une grande démocratie européenne.

Les rapports actuels franco-italiens trop peu protégés par l'apparente courtoisie officielle ou par le toast d'Ambassadeurs ou de Comités sont entrés dans une phase dangereuse : phase de méfiance, de polémique, de gène, état maladif qu'il vaut mieux bien regarder en face et ne pas cacher.

Nous ne voulons pas perdre notre temps à découvrir les auteurs de cet état d'âme. En dehors des facteurs qui ont pû motiver ces dispositions, et que nous pouvons aisément trouver d'un côté et de l'autre des Alpes, nous pensons que les gouvernements actuels, nous mènent vers un conflit qui tôt ou tard engendrera une lutte fratricide entre nos deux peuples.

Souvenons-nous surtout que la monarchie italienne, afin d'égarer l'opinion publique et d'avoir ainsi les mains libres à l'intérieur se sert de l'épouvantail d'un ennemi hypothétique pouvant se présenter à l'une de nos frontières.

Cependant, la France et l'Italie ne peuvent pas continuer à vivre dans cet état de méfiance et de gène.

Si nous voulons leur éviter, ainsi qu'à l'Europe, un avenir troublé, il faut que les hommes les plus clairvoyants des deux démocraties, ceux qui ont foi dans la bonté naturelle de l'âme populaire, mettent tout en œuvre pour abattre ces obstacles artificiels.

L'Italie a besoin aujourd'hui d'un gouvernement vraiment national; le nationalisme italien purement démocratique est le fils spirituel du nationalisme démocratique français, basé sur l'égalité des droits de l'homme.

Cette doctrine est tout à fait contraire à celle épousée par le gouvernement italien actuel, il est donc aisé de comprendre quels sont les buts auxquels peuvent tendre les hommes nourris de littérature césarienne et pourris par une conception erronée du développement national.

Il faut bien avouer que le néo-césarisme national-fasciste a dans son jeu un élément d'une grande importance et qu'il serait coupable de négliger; nous voulons parler du surpeuplement de l'Italie et de la dépopulation de la France. M. Mussolini a fait un discours très significatif à ce sujet, en disant notamment : « QU'UN PEUPLE QUI SURGIT A DES DROITS VIS-A-VIS DES PEUPLES QUI DÉCLINENT. » Il est indéniable que la population italienne toujours croissante enfermée dans un territoire trop petit, privée de matière première, présente un phénomène démographique qui l'oblige à trouver des débouchés au dehors de ses frontières. Elle y est aidée par l'état de son agriculture qui, même poussée à son rendement maximum, ne pourrait fournir à tous la nourriture suffisante ; elle y est poussé par l'état de son industrie impuissante à se développer suffisamment parce que tributaire de l'étranger pour le charbon et les minerais. Enfin sa population se trouve dans l'obligation de s'expatrier faute de colonie où puisse se déverser le surplus de la natalité.

La fermeture de plusieurs marchés d'après-guerre a clos plusieurs portes à l'émigration italienne ; le phénomène démographique devient ainsi plus aigu et fournit des armes à la politique national-fasciste pour agiter un impérialisme ouvrier d'occasion qui ne peut se développer ni vers le Nord, ni vers l'Orient.

Impossibilité vers le Nord parce qu'on y trouve un excès de population ; impossibilité vers l'Orient, faute de terres généreuses.

Ainsi le néo-césarisme fasciste personnifié dans le président du Conseil, M. Mussolini, prétend « AU DROIT DES NATIONS SURPEUPLÉES SUR CELLES QUI SE DÉPEUPLENT ».

Une telle prétention peut comporter des conséquences très graves ; il faut donc que nos deux démocraties affirment de nouveau les principes du droit humain qu'il n'existe de droit d'une nation sur une autre, mais qu'au contraire on reconnaisse la nécessité d'harmoniser dans un but pacifique les différents phénomènes démographique et les besoins des nations.

D'autre part, la France se trouve, il faut bien l'avouer, en face d'une crise de pleine dépopulation et l'histoire nous apprend qu'on ne résoud pas de telles crises par des méthodes littéraires ou par des réunions de comités de défense.

L'avenir de la France l'oblige pour son salut même à choisir entre deux courants immigratoires, l'un se présentant par l'Est, l'autre par le Sud-Est, nous voulons parler des immigrations allemandes et italiennes.

Un pays qui s'enferme dans une politique négative ne sauve pas son existence : il augmente plutôt sa gêne. La France ne peut commettre cette faute.

La France devrait ouvrir ses portes plus largement qu'aujourd'hui à un puissant contingent émigratoire italien, sous la sauvegarde naturellement de conventions empreintes d'un large esprit de libéralisme et sans aucun but colonisateur. Elle pourrait fort bien, à notre avis, résoudre le problème difficile de la main-d'œuvre, soit pour sa terre qui a besoin de bras, soit pour son industrie ; ainsi la fusion des deux peuples conserverait toujours la latinité de la race.

Nous avons touché à un des côtés du vaste problème, le plus important à notre avis ; il y en a cependant d'autres tels que les traités de commerce, la révision des tarifs douaniers, le désarmement des frontières, qui pourraient être étudiés avec des sentiments de concorde et d'amitié par les hommes les plus compétents des deux démocraties.

Les hommes de la démocratie italienne, non point les soi-disant démocrates parlementaires qui n'existent plus, ont dans leur programme des bases fondamentales de justice internationale.

Opposés à tout régime tendant au monopole d'une industrie ou d'un commerce, ils n'ont aucun intérêt à maintenir en Italie une industrie artificielle et sont persuadés, et moi avec eux, que l'Italie doit être un marché libre pour tous les produits qui lui font défaut, tandis que la France a besoin de marchés extérieurs afin de concurrencer les nations exportant des minerais et des aciers.

Notre compétence n'est pas assez grande pour développer ces problèmes, il faut donc qu'ils soient étudiés attentivement par les spécialistes du genre.

Il faut que les hommes de bonne volonté des deux démocraties préparent pour un jour proche ou lointain les bases d'une entente destinée à faire disparaître tous les dissentiments entre nos deux pays ; cette étude fort possible même sous les gouvernements actuels, sera une arme puissante pour mettre en fuite le fantôme agité par les impérialistes et en démontrer L'IRRÉALITÉ ET L'ARTIFICE.

Donnons aux peuples l'impression que nous ne faisons pas de rhétorique, mais que notre but est le bien des masses vers lequel doivent tendre nos forces par une étude loyale, pratique, rémunératrice.

Les peuples se rendront compte de l'inanité du fantôme nationaliste, cet épouvantail qui a besoin de la force armée pour sauvegarder son existence.

Je vous ai rappelé ce qu'écrivit Yessie Wite Marie sur l'âme italienne désorientée peut-être, mais bien loin d'être corrompue. Elle nous a cependant été représentée comme telle, par de complaisants journalistes mêmes étrangers et italiens, inspirés par les hommes qui gouvernent en ce moment en Italie, pour lesquels n'importe quel moyen est bon pour arriver à leur but et notamment la corruption de la presse.

Mais souvenez-vous seulement de ce qui s'est passé il y a quelques semaines en Italie, à la suite d'une controverse née entre chefs du fascisme, touchant de très près le gouvernement. Le fasciste Rocca, a franchement déclaré que, si les prochaines élections en Italie avaient lieu sous un régime de pleine liberté, le parti fasciste serait franchement battu malgré la fameuse loi électorale que Mussolini fit voter et qui donne la majorité à la liste obtenant le quart des suffrages.

Peut-on appeler ceci le consentement à un régime ?

Un parti au pouvoir donne-t-il l'impression d'avoir avec lui la nation entière en faisant voter une telle loi ?

Le maintien d'une milice armée purement sectaire, la violence, l'étouffement de tout parti d'opposition, est-ce là une preuve de sécurité que nos dirigeants nous donnent ? Non, il n'est de vrai qu'une chose : la démocratie en Italie, ainsi d'ailleurs que toutes les démocraties en Europe, subit les conséquences de ses erreurs aggravées par le fait d'avoir prêté foi à la monarchie malgré les dures expériences subies.

Quant en 1873, resté seul après la mort de Mazzini, Garibaldi groupait autour de sa personne les rangs épars de la démocratie, sa proclamation adressée à la ligue de la démocratie, annonçait : « LA REPRISE DE L'AGITATION EN VUE DE LA SOUVERAINETÉ NATIONALE POUR LA JUSTICE SOCIALE, POUR LA LIBERTÉ INVIOLABLE »

Sa mort, en 1882, empêcha qu'il pût réaliser son programme par lequel il annonçait que si on l'avait empêché de le développer par des moyens pacifiques, toute la responsabilité des moyens de légitime défense employés aurait incombé au régime monarchiste.

Ainsi que vous le voyez, la monarchie italienne n'a nullement changé, mais nullement non plus n'a changé la foi garibaldienne; s'inspirant en politique internationale selon la tradition de Giuseppe GARIBALDI, l'organisation garibaldienne d'aujourd'hui qui voit ses rangs grossir, garde comme sacré l'idéal au nom duquel s'engagea la jeunesse italienne dans le conflit mondial, en commençant par les Argonnes et où l'ombre de Giuseppe GARIBALDI vit deux de ses petits-fils tomber pour la perpétuité de l'idéal de liberté qu'il leur laissa en héritage.

Les Avant-Gardes Garibaldiennes, dont j'ai l'honneur de diriger les rangs, ont fait des déclarations de foi et ont un programme que je porte à votre connaissance.

Le Comité de Direction des Avants-Gardes Garibaldiennes, ayant examiné la situation qui vient de se créer à la suite de polémiques de presse parmi ses sections et auprès de l'opinion publique, ainsi que par des interprétations souvent mal fondées sur le but de son organisation et sur ses idées, juge nécessaire de confirmer sommairement les points principaux dont il s'inspire.

1° Les Avants-Gardes Garibaldiennes ne constituent pas un parti politique. Se rapportant aux lumineuses traditions garibaldiennes, elles veulent être une organisation qui unit des hommes appartenant à toutes les tendances et à toutes les écoles politiques qui ont la foi et le culte des libertés démocratiques, de la justice et de l'humanité, et qui combattent au nom des peuples et pour leur salut;

2° Dans les limites de la nation italienne;

La pensée et l'action garibaldienne qui, unies à la pensée mazzinienne, ont conduit l'Italie à son unité, avaient sacrifié sur l'autel de cette première et nécessaire conquête leur essence républicaine. L'unité italienne ayant été complétée par la dernière guerre, les Avant-Gardes Garibaldiennes sont d'avis que le cycle des guerres pour l'unité nationale est terminé et qu'il faut diriger leur activité au complètement du programme garibaldien. L'unité italienne sous la monarchie n'a pas conduit l'Italie à ses plus grandes destinées parce que des castes, des classes et des intérêts ont étouffé ce qui devait être le gouvernement du peuple, c'est-à-dire le gouvernement direct de la démocratie. Même la charte constitutionnelle se prête aux violations de la liberté et de la volonté nationales.

Convaincus que la résurrection de l'Italie doit et peut être seulement l'œuvre de son peuple appelé à se gouverner lui-même et selon ses propres destinées, les Avant-Gardes Garibaldiennes affirment leur foi dans l'avenir républicain de l'Italie entendu comme transformation politique, économique, sociale et morale, tel qu'il fut préconisé par les grands hommes de notre « Risorgimento » de Garibaldi, de Mazzini, à Cattaneo, à Albert Mario, qui tous ont eu la vision complète de l'Italie populaire, libre et grande;

3° Les Avant-Gardes Garibaldiennes entendent fraterniser par une action idéale, éducatrice et reconstructrice avec tous ceux qui acceptent comme minimum de revendication l'instauration par la volonté du peuple d'un gouvernement démocratique direct dont le pacte fondamental sera dicté au nom et dans l'intérêt de la collectivité nationale, et non pas dans celui de certaines classes ou de certaines catégories seulement. Au sein des plus larges libertés accordées par un régime de démocratie directe, il est possible de s'avanceer graduellement dans le progrès des idées et des conceptions et le gouvernement du peuple doit être un moyen et non pas un but;

4° Les Avant-Gardes Garibaldiennes sont aux côtés des travailleurs pour la conquête d'une amélioration morale et matérielle, en appuyant tout mouvement qui tend vers la conquête de leur émancipation. Par la tradition et par la pensée qui les animent, les Avant-Gardes savent que l'émancipation des travailleurs n'est possible que sous un régime de démocratie directe, qui transforme par l'association les rapports entre capital et travail en les réunissant dans les mêmes mains;

5° Les Avant-Gardes Garibaldiennes s'associent à tout effort qui vise à l'instauration d'un ordre supérieur international, harmonisateur des droits et devoirs nationaux fait de solidarité féconde, pacifique, humanitaire.

La vision du Chevalier de l'Humanité, présentée plus d'un demi-siècle avant la Société des nations, le canevas d'une Confédération Européenne. La S. D. N. d'aujourd'hui est un organisme international sans moyen ni force; ce n'est pas l'organisme tirant sa naissance de la conscience des nations et de l'harmonie des intérêts et des sentiments internationaux.

La grandeur de sa propre nation et l'amour de sa propre patrie est le premier principe de tout Garibaldien, mais par cela on entend la défense des frontières de sa propre patrie, la discipline, le respect de sa nation. Par grandeur on entend l'élévation morale progressive du peuple, la valorisation de ses énergies, son éducation ainsi que tout ce qui peut servir à montrer en exemple sa propre patrie à l'étranger et tout ce qui peut faire du drapeau flottant sur les mers et des citoyens qui vont à l'étranger, des objets de respect et d'admiration ou des protagonistes des relations amicales de la solidarité internationale.

Les nationalismes impérialistes, qui sont nés du matérialisme le plus mesquin et de l'aveuglement de quelques classes, ont empoisonné et sont en train d'empoisonner l'Europe et le monde, et tout Garibaldien visera par tous ses efforts à combattre (même en s'écartant de ces courants populaires provoqués artificiellement) toutes les actions qui pourraient provoquer injustement la haine entre les nations et qui pourraient pousser à des conflits qui ont pour but, non la défense des frontières de sa propre patrie, mais l'attaque de celles des autres. En appuyant tout mouvement qui vise à l'institution d'un régime international à travers une Société des Nations, vraie et effective, et dont les représentants seraient une émanation des volontés nationales et non pas des gouvernements, les Avants-Gardes Garibaldiennes se tournent vers cette justice et vers cette harmonie internationale que le Chevalier de l'Humanité vit dans la Confédération Européenne et qui lui fit mettre son épée et son cœur au service de tous les peuples menacés et opprimés.

6° Le Comité de Direction des Avants-Gardes Garibaldiennes ordonne à tous ses adhérents de s'en tenir à ces principes qui englobent la pensée et l'espoir des peuples entrés en guerre en 1914 pour la création d'une Europe libre formée de nations également libres. Nul statut ou programme d'action politique particulier n'est nécessaire, mais il faut par contre, soit dans chaque nation, soit dans le champ international l'union de toutes les énergies saines et forte qui veulent marcher à la conquête d'un premier but assurant l'émancipation du peuple dans la nation et des nations dans l'humanité rédimée.

Qu'il me soit permis de passer sous silence le développement énorme obtenu dans la réalisation de ce programme, les détails de notre organisation, nos accords politiques en Italie, avec les partis ayant notre foi, car la moindre indiscrétion commise, même avec la meilleure foi, ferait que nos frères d'Italie seraient soumis à un régime de persécution encore plus sévère que celui qu'ils endurent aujourd'hui.

Le but des Avant-Gardes Garibaldiennes en Italie, est d'établir une concentration démocratique républicaine.

Et dans les rapports avec l'étranger, les Avants-Gardes Garibaldiennes n'ont d'autre but que l'union et la fraternité.

Il s'agit là du programme de la Maçonnerie, je parle de la flamme de foi qui brûle dans tout vrai maçon.

Cependant, je dois parler de la Maçonnerie italienne, certes, non pas de la Maçonnerie dirigée par les expulsés ou par des agents gouvernementaux, mais de celle qui avait en Italie une mission et une force qui, elle n'a pas abdiqué devant un parti, je l'espère du moins.

« Guide et interprète de cette haute intelligence qu'est le grand architecte de l'univers, écrivait Giuseppe Garibaldi au Conseil suprême de Palerme, la Maçonnerie doit à l'humanité de la porter toujours en avant par sa doctrine et son exemple. » La doctrine du grand architecte de l'univers est la fraternité universelle des nations; son exemple, l'application héroïque constante, inchangeable des principes sacrés que la Maçonnerie a mis à exécution à travers les siècles et malgré les persécutions subies.

La Maçonnerie italienne a-t-elle suivi ces préceptes?

Quelques hommes de foi résistent cependant quand même, malgré la trahison de faux-maçons qui prétendent être les dirigeants en suivant les ordres d'un gouvernement qui élève la papauté à la dignité temporelle et supprime la justice, l'égalité et la fraternité.

Cette Maçonnerie n'élève pas la voix, elle ne proteste ni elle n'agit ainsi qu'elle devrait le faire en resserrant ses rangs pour y attirer tous les groupes démocratiques.

Aucune protestation ne vient d'elle pour la liberté violée. Ainsi se produit la persécution systématique de tous les partis d'opposition, et à leur tête l'organisation garibaldienne.

Le soi-disant gouvernement national et patriote persécute d'une façon indigne, aussi bien les vieux garibaldiens qui donnèrent tout à l'Italie, que les jeunes qui veulent garder le feu sacré et l'idéal.

Le gouvernement dictatorial actuel, peut bien se déplacer théâtralement pour commencer la violation du droit des peuples, la célébration de la marche sur Rome ne constituera jamais une étape de victoire de l'humanité.

Des centaines de milliers d'Italiens pensent comme moi et attendent le jour de la libération en se groupant autour de nous.

Leur conscience est démocratique, saine, garibaldienne, elle suit spirituellement la foi qui brûle dans les meilleurs de nous.

Ne croyez pas qu'il y ait en moi, en vous annonçant ce qui

précède, une haine quelconque créé par les menaces ou par les promesses alléchantes qui me sont adressées journellement par le gouvernement fasciste.

C'est ma conscience d'homme libre, de démocrate, c'est le lourd héritage d'un nom et d'une tradition qui m'imposent cette ligne de conduite. Le triangle maçonnique, inspira Giuseppe Garibaldi, grand maître honoraire d'Italie. Ce même symbole dont la foi brûle en moi, inspire tous mes adeptes, vieux ou jeunes qui attendent le moment de la libération de l'Italie, pour leur pays, pour le monde, pour toute l'humanité.

Nous continuons donc la lutte. Qu'il me soit permis en parlant sur le sol de la Grande Révolution, d'avoir confiance en notre victoire qui sera purement démocratique.

Pour cette victoire, triomphe de notre idéal de paix, nous négligerons le sourire ironique des indifférents, mais encouragés par vous, nous ferons le sacrifice de notre vie s'il le faut.

Je vous demande, de partager avec nous aujourd'hui nos souffrances comme vous partagerez avec nous, dans un jour prochain nos joies.

Je vous demande de bien vouloir présenter un ordre du jour, afin que les chefs de notre grande famille maçonnique entendent notre appel et que leur lumière nous aide dans la tâche entreprise pour la fraternité des peuples, et le triomphe de la démocratie.

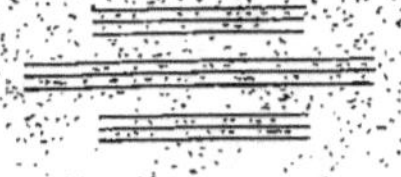